항아리 속의 불씨

김영진 시인은 인천에서 태어났다. 2017년 ≪리토피아≫ 신인상을 받으며 등단했다. 시집으로 『달 보드레 나르샤』, 『옳지, 봄』이 있다. 아라작품상을 수상했으며 막비시동인으로 활동하고 있다.

e메일 : y825jabcde@daum.net

리토피아포에지 · 110

항아리 속의 불씨

인쇄 2021 2 20 발행 2021 2. 25
지은이 김영진 펴낸이 정기옥
펴낸곳 리토피아
출판등록 2006. 6. 15. 제2006-12호
주소 22162 인천 미추홀구 경인로 77
전화 032-883-5356 전송032-891-5356
홈페이지 www.litopia21.com 전자우편 litopia@hanmail.net

ISBN-978-89-6412-139-9 03810

값 10,000원

김영진 시집

항아리 속의 불씨

리토피아
LITERATURE & UTOPIA

시인의 말

고독한 독백을 호젓한 방에서 갉아먹는
이 소리를 누가 막을 수 있을까.

눈도 귀도 없는 독백이 향기가 없다면
고독의 통로는 찾지 못할 것이다.

고요한 울음 흘리며 길 떠나기 전에
이 고독한 작업에 감사한다.

2021년 봄
김영진

차례

제1부

제2부

제3부

제4부

| 제1부 |

흙덩어리는 불도 견딘다

맥을 짚어보더니 한의사가 가슴에 불이 났다고 한다. 손목에서 심장까지가 구만리인데 어찌 아느냐 물었다. 진맥할 때 손가락이 뜨거워서 혼이 났단다. 좌심실에 불이 났는데 숯불에 고기 타는 냄새가 난단다. 어떻게 불씨가 들어갔느냐 따졌더니 우리 몸속에는 태어날 때부터 불씨 하나씩이 담겨 있다고 너스레를 떤다. 그 불씨가 정에 목마르거나 마음과 마음이 부딪혀 번개가 치면 심장에 불이 붙는다고 한다. 어찌하면 좋겠냐 물었더니 산에 올라 새벽공기를 마시라 한다. 공기 좋은 가평으로 가 며칠 새벽공기를 채운다. 그래도 불은 꺼지지 않는다. 취하도록 술을 마시면 불이 꺼질까도 싶었는데 다음날 새벽 입속에서 화기가 또 밀려 나온다. 아, 내 몸이 흙덩어리라서 이 불도 견디는구나. 걱정이 사라진다.

새들의 몸에 악보가 있다

악보는 음악의 레시피다. 음표는 출생이고 박자표는 삶이고 쉼표는 휴식이다. 쉼표가 없으면 마침표가 된다. 이때야말로 죽음이다. 새들은 몸속 악보에 따라 경쾌하게 때로는 느릿하게 때로는 우울하게 날아오르기도 하고 내려앉기도 한다. 버드나무가지 멧새들이 봄에 끌려 암컷 등에 올라탄다. 보름 동안 알을 품는다. 날개 속에서 굴리고 굴린다. 드디어 타탁소리 들리고 새로운 악보가 탄생한다.

뱀 먹은 닭

아버지는 바닥을 미끄러지며 기는 뱀의 건강을 선택하셨다. 수십 마리 뱀을 항아리 속에 넣어두었다가 뚜껑을 여셨는데, 며칠 지나자 하얀 밥알 같은 구더기가 득시글 득시글 거렸다. 닭장 안에 뿌리면 닭들이 그 구더기를 순식간에 먹어 치웠다.

다음날 닭장에는 지독한 뱀독으로 깃털이 모조리 뽑혀있다. 아버지는 털 다 빠진 닭을 잡아 보양식을 만들어 주셨는데, 맛있게 먹고 난 우리들은 온몸에 열이 치받혀 춥지 않았다. 겨우내 홀렁 벗고 살아도 그 흔한 감기 한 번 걸리지 않았다.

봄바람은 희대의 도둑이다

봄바람이 살랑살랑 박수를 치면 꽃들은 칭찬이라 읽는다.
서로 부비부비하는데 봄바람과 꽃들은 참 내밀해 보인다.

사람들은 한 색으로 만족하지 않는다는 걸 진작 알았다.
곰비임비 가지가지 색들을 피우며 그만큼 숲은 치열하다.

무자치 뱀처럼 봄바람은 꽃들의 흐름을 촉수로 읽는다.
꽃들의 엉덩이를 만지면 꽃들은 일제히 도둑놈, 외친다.

꽃잎에 눈동자가 베인 날

꽃잎에 눈동자가 베인 날 멍하니 벽에 박힌 못을 읽는다. 그림, 달력, 수건, 모자, 얼굴, 마음, 당신도 걸려있다. 창문 밖 상상 속 즉흥적이고 충동적인 새 한 마리가 유리창을 뚫고 들어와 모자 속에 둥지 튼다.

발가락을 물고 자궁 속 낮잠에 빠지는데 갑자기 핸드폰 진동 소리가 방바닥을 흔든다. 깜짝 놀라 눈을 뜨면서 내가 느낀 최초의 천지개벽이 되었다. 내 몸을 타자들의 집합장소와 밀회공간으로 임대를 놓는다.

못에 걸린 당신이 그림과 시계와 달력을 수건으로 닦아준다. 시간의 마음이 열리며 밤이 쉬는 창가로 죽은 자가 택배를 보낸다. 누런 삼베 속 발톱이 광기로 되살아난다. 새가 허공에 비명을 뿌리며 날아오른다.

닭백숙을 먹고

닭백숙을 먹고 나면 뱃속 닭들이 몸을 부풀리곤 한다.
단전 위 배꼽 속에 둥지를 틀고는 꼬꼬댁거리고 있다.
암탉도 알 낳기 전이면 으레 하늘에 기도하곤 했으리.
새벽녘 뱃속에서 떠나신 어머니 기도하는 소리가 들린다.

진달래전

어릴 적 어머니가 지짐이 부치면 뱃속에서 먼저 쫄쫄 소리가 났다.
어머니는 멀리 오는 소걸음 빗소리를 먼저 듣는 재주가 있으셨다.
납작 광주리에 보름달 개듯 진달래전이 쌓이면 빗소리도 멈췄다.

진달래 따러 가신 어머니 사월 초여드레 자정 식사하러 오신다.
진달래전 귀퉁이 찢어 드시고 미간 찡그리며 쩝쩝 소리 내신다.
초간장 올리니 잘 드시고 치맛자락 날리며 사뿐사뿐 돌아가신다.

수박향

한강에 사는 별들의 환타지 세계로 안내하겠다. 안드로메다 은하계로 가면 지상에 한반도와 닮은 나라가 있다. 매일 해 뜨면 우주로 갔다가 달 뜨면 한강으로 내려오는 별들의 먹이는 한강의 은어가 물어다 준다. 저녁이 되면 잔잔한 윤슬이 빛나는 것은 별들의 눈이 반짝거리는데 은어들이 수풀에 맺힌 이슬을 따다 주기 때문이다. 그래서 별들에서는 한강 냄새가 난다. 아마도 그것은 수십억 광년 전 한반도가 생길 때 한강의 별이 내려와 자리를 잡았기 때문일 것이다. 한강의 모양도 별들이 우주에서 청사진을 떠와 그대로 탁본떠 가장자리에 흙과 모래와 돌로 경계선 만들어 물을 안내했다. 물은 물의 다리로 저들끼리 걸어 들어와 생존에 필요한 양분을 강바닥에 사육하기 시작했으니 그것이 민물 플랑크톤이었다. 본디 이 동물도 안드로메다 은하계로부터 비 오는 날 쏟아져 내려왔다. 별들은 속도가 빛의 속도이므로 하루의 절반은 우주에 살고 절반은 지구에 산다. 별들은 여름이면 은어 떼를 몰고 하루 한 번씩 우주로 올라갔다가 다시 데리고 내려온다. 안드로메다 은하계 색깔이 은색으로 빛나는 것은 한강의 은어가 하늘로 올라가 수를 놓기 때문이다. 여름 한강에 어둠이 파닥파닥 걷히면 은하계로 갔던 은어가 내려와 수박향 냄새를 풍긴다.

어느 멋진 날 꿈의 무게

나는 오리궁뎅이다. 청설모가 잣을 물고 돌아다니는 가평에서 오랜만에 내리는 눈을 한쪽 눈으로 쳐다보고 있었다. 두 눈 뜨고 보기 아까워 한쪽으로 오롯이 받아들인 감성의 코끝에 내린 눈이 차라리 따듯했다. 양팔을 들고 뛰려고 모양새를 잡았다. 가볍게 눈 내리는 하늘을 날아오를 것 같은 심정으로 뛰기 시작했다. 그러나 길가에 말라비틀어진 금잔화는 갈색의 자궁 속 씨앗이 젖어있고, 뒹구는 자갈은 제 몸에 내리는 눈을 돌 속으로 나르기 바빴다. 떨어지는 눈 사이로 이제 두 눈 뜨고 양팔 벌리고 날아오르고자 도움닫기 몇 차례 시작했으나 허공의 무게로 머리를 누르는 것이다. 새들도 양 날개 양력을 잃어 곧 추락했다. 두 발이 중심을 잃어 눈 쌓인 도로에 미끄러졌다. 양팔로 날아오르려 했지만 허공을 날 수 있는 무게가 아니라고 받아주지 않았다. 지상에서 받아주는 것은 오리궁뎅이의 불시착뿐이다. 내 꿈의 무게가 오리궁뎅이의 무게보다 더 무거웠으므로 그 무게를 사랑하기 시작했다.

회화나무 위로 나는 새들

설날 공원을 산책하는데 가랑이 사이로 바람이 배를 쓰다듬는다.
오백 살 회화나무가 링링에 가지 잘려 뒹굴면서 앓는 소리를 낸다.
겨울바람이 가지에 매달려 떨고 있는 나뭇잎들을 달래고 있다.

얼마인지도 알 수 없는 새들이 회화나무 위 남쪽으로 날아간다.
발아래 늙은 회화나무를 이정표 삼아 지도책처럼 읽을 것이다.
오백 년의 무게 떨치려고 겨울 하늘 점점이 새들의 발자국을 찍는다.

입춘은 십팔 세 처녀다

입춘은 잃어버린 시간 찾으려고 치솟는 봄풀이다.
파릇한 냄새가 동남풍을 타고 깨금발로 걸어온다.
입춘은 하냥 겨울 꼬리 놓지 않는 십팔 세 처녀다.

떡국

하얀 들판은 손님 맞이하려고 밤새 깔아둔 양탄자이다. 방앗간마다 나락 찧는 소리가 하늘 북소리처럼 들린다. 떡국을 먹어야 한 살 더 먹는다는 속설이 방문 열고 나와 돌아다니기 시작한다. 한 살 더 먹기 싫어도 뿌리는 한 가닥 더 자라게 되고 가지도 한 가닥 더 자라게 되고 나이테 역시 한 켜가 늘어나게 된다. 설빔 떡국에 즐거웠던 시절도 기억에서 사라지지만 올해도 떡국떡국 벽시계는 똑딱거린다. 입속에서 겨울 꼬리 살랑거리자마자 순식간에 또 한 살을 뒤집어 먹는다.

초파리

신맛에 눈을 까뒤집는 그대를 읽는다.
작년 여름 이 집에 이사 온 것에 대하여,
나 혼자 살다가 초파리와 사는 것에 대하여,
마트에서 사온 바나나에 알을 슬은 것에 대하여,
그날 막걸리 따라 먼저 술잔 들이킨 것에 대하여,
어머니 생전에 신김치 드시면 정신이 맑아진 것에 대하여,
신맛 좋아하시는 어머니를 닮은 것에 대하여,
사랑으로 한 오백 개의 알을 쏟아내는 것에 대하여,
파리채로 아무리 때려도 찍소리 없는 천성에 대하여,
누군가는 초파리 잡아 돌연변이를 실험하는 것에 대하여,
어머니 자궁에 포도송이처럼 나를 매달고 다닌 것에 대하여,
마침내 그대에게서 사랑과 죽음의 냄새를 읽는다.

겨울 천사

겨울 구름은 천사의 깃털이 모여 지상으로 내려갈 때를 기다립니다.

지상에 위대한 씨앗을 퍼뜨리기 위해 낮도깨비 밤도깨비를 준비하지요.

눈 내리는 날 천사의 깃털을 보면서 나무꾼은 옛날의 동화를 읽습니다.

눈이 내리면 도깨비 어깨 들썩이며 춤을 춘다고 입꼬리들이 올라갑니다.

천사는 하얀색만 읽는 색맹이라고 전설의 조각들 나불거리기도 하지만,

눈을 타고 온 천사는 깊은 산속 나무꾼이 잘살고 있는지 궁금합니다.

인연은 바람이라네

하얀 눈 내리던 날 술 한 잔 마신 것이 이별주였네.
기별 없이 이별 온다는 걸 천년 바람이 알려 주었지.
만남도 찰나 이별도 찰나 한 치 앞도 모르고 살았네.

한 번 숙이면 될 것을 목에 석고붕대 감고 살았었네.
흐르는 강물도 제가 싫으면 길의 방향을 바꾼다 하지.
옳으니 그르니 말이 많아도 판단은 계절마다 다르다네.

갈증과 만족을 저울 위에 올리면 한쪽으로 기울겠지.
앞산 꽉 물고 있던 하늘에서 소 잔 등으로 눈이 내리네.
다가와도 머물러도 다 떠나는 것이지 인연은 바람이라네.

낙타처럼 무릎을 꿇다

등에는 혹처럼 고통과 구원의 봉이 솟아 있지.
단봉이든 쌍봉이든 그건 신경 쓸 일 아니지만,
봉을 봉으로 인정해야 해서 괴로울 때 있었네.
낙타는 늘 사막이 버거워 공손히 무릎을 꿇지.
고통의 무게 덜어달라 무릎 꿇고 기도를 하지.
어제는 행복했네 오늘도 낙타처럼 무릎을 꿇네.

발소리가 그림자를 잘라 먹다

연대기 두꺼운 책장을 왼쪽으로 넘길 때 혁명을 꿈꿨다.
연대기 두꺼운 책장을 오른쪽으로 넘길 때 석유를 파냈다.

자음의 혼잣말로 사막 얼굴 칠해 끼리끼리 단봉낙타를 탔다.
모음의 혼잣말로 대지의 얼굴 칠해 끼리끼리 뮤지컬을 봤다.

정신의 깃발로 달을 그리면 호두까기 인형이 걸어 나왔다.
물질의 깃발로 별을 그리면 요술램프가 달에서 춤을 췄다.

자음의 발소리가 그림자 뒤쪽 잘라 먹는 밤이면 전쟁이었다.
모음의 발소리가 그림자 앞쪽 잘라 먹는 밤이면 휴전이었다.

뚝배기

흑갈색은 즐문토기 무문토기로 이어진 탯줄의 색깔이다.
쌀뜨물을 붓고 된장을 풀어서 뚝배기에 걸맞도록 끓이면,
차돌박이 된장찌개가 은은한 열 받아내며 보글거린다.

식탁 위 식지 않는 뚝배기가 양은 냄비와 눈을 마주친다.
윗사람이 수저를 댈 때까지는 기다리는 것이 미풍이니,
밥상머리 교육은 뚝배기의 구수한 서정으로 시작된다.

열무김치

아파트 단지 사철나무 담장 모서리에서 할머니가 채소를 판다.

생의 어느 강을 건너셨는지 잔뜩 구부러진 허리가 일어서지 못한다.

지나치다 불현듯 할머니의 채소를 사야 한다는 생각이 들었다.

깐마늘 한 봉지 사고 이천원 드리니 고맙소를 여러 번 하신다.

외손자 용돈 때문에 젊어서도 안 해 본 장사라고 허리가 말한다

젊어진 생의 탁류를 헤치고 외손자를 건네주는 중이라 하셨다.

그녀에게 할머니가 불쌍하다며 죽은 어머니 생각이 난다고 말했다.

그녀는 봄날 할머니한테서 산 깐마늘로 열무김치를 담가

왔다.

만고불변의 진리는 사랑이라면 제 몸 태워도 두렵지 않다는 것이다.

물살을 건너와 점심때 찬밥에 물 말아 멸치를 고추장 찍어 먹고.

문득 생의 탁류를 헤엄쳐온 나의 강처럼 열무김치 국물을 마시는데.

어머니 생각이 눈에 밟혀 알싸하게 짭조름한 눈물이 나는 것이다.

천국의 여권사진

언제가 당신이 죽으면 국립묘지로 간다는 이야기 들은 적 있습니다. 베트남전 참전용사로 국가에서 주는 연금으로 그럭저럭 지냈습니다. 비가 오려는 날 허리에서 총성이 들리면 신신파스 꺼내 붙였습니다. 당신은 얼마 전 베트남으로 여행 간다고 여권 사진 찍으러 갔습니다.

고개를 오른쪽으로 조금 당기고 김치, 하고 웃자 사진이 찍혔습니다. 영정 사진 앞에서 절하는데 당신은 천진난만하게 웃고 있습니다. 평화로운 천국 여권 사진이 굳어있으면 입국 거절 당한다 하였습니다. 사진 찍을 때 왜 웃으라고 하는지 이제 알겠다고 당신은 웃었습니다.

| 제2부 |

생각만 훌쭉해져 지나가네

어머니 삼일장 치르고 거리에 나서니 벚꽃이 경이롭네.
파묻힌 눈 호사스러워 아름다움에 무람없이 고개 숙이네.

겨울이 그들을 데려가지 않도록 내민 손들처럼 아름답네.
하나님이 주신 능력을 시험하게 만드는 봄이 매달리네.

나비가 펄럭일 때마다 몸속에서 죽은 사춘기가 부활하네.
꿀벌이 잉잉거리는 벚꽃 아래 생각이 훌쭉해져 지나가네.

백합조개

서화담이 무덤 속에서 조개 국물을 마시고 싶다고 한다.
오백년 전 가을 밤새 대작했던 황진이 무덤을 두드리면,
건드리자마자 해금을 토해내는 억울한 맨발이 나온다.

국물이 끓자 와불이 일어서듯 움막을 통째로 보여준다.
야들야들한 칼국수 속살 건져 먹으면 입속에서 꽃이 피고,
시원한 국물로 해장한 화담과 진이 무덤 속으로 들어간다.

소나무에서 총소리 난다

산에 올라 내려다보니 군데군데 탄알 자국이 처연하다.
나무공작*의 주검들이 누군가의 침입에 붉게 드러누웠다.
소나무재선충이 솔수염하늘소 다리를 건너온 것이다.

세상에 살아있는 것들은 모두 매일같이 전쟁 중이다.
영토 싸움이 치열한 이유는 그저 살아야 하기 때문이다.
바다에서 하늬바람 불면 금강소나무에서 총소리가 난다.

* 나무공작 : 松.

쥐구멍은 영원하다

내일모레가 설날이라 시장에 사람들이 바글바글합니다.
사거리에 제수용품 사는 효심이 저절로 떠밀려 갑니다.
참방참방 저녁 시간에 노을이 그녀 분홍치마 같습니다.

모퉁이 맹씨네 건어물 가게 쥐구멍에도 볕이 들었습니다.
엄마 쥐가 구멍으로 밖을 내다보니 발자국 소리 들립니다.
아직은 아니다 돌아와 열두 마리 새끼에게 젖을 물립니다.

쥐의 삶인들 걱정이 없겠냐만 가게를 차리지 않습니다.
온 세상 구멍이란 구멍 다 막아도 쥐구멍은 영원합니다.
저 쥐구멍은 부실 공사 전혀 없는 자궁처럼 완벽합니다.

백목련

겨울잠 자겠거니 전화 걸었더니 졸린 목소리로 대답한다.
벌써 깼느냐 물었더니 겨울이 따뜻하여 잠 못 이룬단다.
백목련꽃 속은 적막으로 새들의 그리움만 떨릴 뿐이다.

며칠 지나 전화 또 넣었더니 울림으로 되돌아올 뿐이다.
침략하는 적군들 막는 집수리 때문에 바쁘다는 문자 온다.
속절없이 사랑했으므로 보고 싶다는 한마디 하고 싶었다.

봄이불

밤사이 내린 눈은 진달래 봄 처녀 보고 싶어서 안달이다.
한 달 먼저 찾은 이월 중순 봄 날씨에 눈치 없다 핀잔이다.
왜, 입을 삐쭉 내밀자 창조주 손으로 입을 톡톡 때린다.
창문을 내다보니 산과 들이 봄 이불 덮고 포근히 잠들었다.

산과 들은 진달래 봄 처녀 품기 위해서 봄 이불을 녹인다.
대지는 수런거리며 녹는 봄 이불을 꿀처럼 빨아들인다.
나무는 잠에서 깨어나 저마다 물관으로 물을 길어 올린다.
귀 바짝 대고 들어보라 봄 이불 녹는 소리, 봄봄봄 봄봄봄.

호남고속도로

대전까지 냅다 밟는다.
대전 이정표가 보인다.
전주까지 냅다 밟는다.
전주 이정표가 보인다.
광주까지 냅다 밟는다.
빛고을 가슴에 안긴다.

배꼽산에서

우주가 떨어뜨린 미추홀구 배꼽산을 오를 때 어둠에서 빛으로 가는 시간의 온기가 축복처럼 번진다. 수천 년 전 비류와 온조의 어머니 소서노와 당도할 때, 숨소리가 배꼽에 숨어들어 바람 불어 좋은 날 귀를 나팔처럼 열면 들린다. 백제, 백제, 백제.

백제를 건국하기 위해 그들이 배꼽산에서 남쪽을 배꼽 빠지게 바라본 궤적을 따라가는데 머리카락에 소름이 올라 삐쭉하니 검은 상고대처럼 숙연해졌다. 온조가 하남 위례성으로 떠나기 전 흘린 눈물이 바위에 얼룩져 지금도 소금꽃이 피어있다.

비류와 떨어져 떠나는 온조의 눈물이 얼마나 짰으면 수천 년이 지나도 지워지지 않는 것일까. 서풍은 인천 앞바다의 소금기를 물어다 배꼽산 바위 주변에 모조리 뿌려 지날 때마다 콧속이 끈적거린다.

백제의 해를 바라보고 역사의 향기를 맛보고 돌아와 거울 앞에서 얼굴을 만졌더니 소금이 밀린다. 어느새 얼굴에 소래 염전이 생겼다. 여보, 고등어 몇 마리 사 와요, 짭짤한 소금 사라진 백제의 황금 소금이야.

바다에서 그녀에게

서리 맞은 단풍 되어 고개 숙이면 봄꽃보다 붉다 해주마.
풀 죽은 낮달 되어 미소 묻히면 철 지난 바닷가라 해주마.
약속하지 않았지만 노을 속 날아오르는 갈매기라 해주마.
졸고 있는 수평선에 한쪽 다리 들어 올린 백로라 해주마.
봄꽃이 환한 미소 갉아먹는 우울을 갈매기에 던져주마.
갈매기 끄는 수평선에 하얀 팔이 걸리면 어깨를 감싸주마.

밤도깨비

긴 복도를 사이에 두고 원룸이 따개비처럼 붙어 있다. 내 방 건너편 522호에 처녀 도깨비가 살고 있는데, 허구한 날 새벽에 남자 도깨비 달고 와 문을 열었다 닫았다 한다. 어느 밤의 뜨거운 피를 마시고 왔는지 혀가 꼬부라졌다.

뒤에서 허리를 감았는지 놓아놓아 까르르 소리 들린다. 수챗구멍으로 물 흐르는 소리 들리더니 딱 소리가 난다. 전원이 꺼지는 백만분의 1초 찰나에 조용해진다. 사랑은 전원이 꺼지면 불이 붙는구나.

어머니 숨을 크게 한 번 내뱉더니 다시 들이마시지 못했다. 전원이 꺼졌다. 사랑도 죽음도 전원이 꺼져야 성립된다는 걸 알았다. 나는 사랑할 때 전원을 몇 번이나 껐을까.

왜가리

소래 포구 습지에 가면 왜가리 식탁 표면이 찰박찰박하다. 그는 늘 한쪽 다리만 사용하는데 두 다리 내리면 물고기가 그물인 줄 알고 도망간다. 영리한 왜가리인데 누가 새대가리라고 말했는지 모르겠다.

왜가리가 목을 쭉 뺀 이유는 물속에서 보면 나무처럼 보이기 때문이다. 닻이 없는 돛은 덧난다는 걸 왜가리는 예수, 석가, 아니면 누구에게서 배웠을까.

총알처럼 쏜다. 허탕이다. 구름이 수면으로 놀러 오자 물고기들은 왜가리 나무가 익숙해졌다. 용수철 작살 주둥이로 망둥어 찍는다. 하늘 향해 감사드리고 통째로 삼킨다. 돛 펼쳐 닻을 거둬들인 왜가리가 날아오르며 내 머리에 똥을 찍, 싼다.

냄비

구십 살쯤 보이는 쭈그러진 냄비 밑바닥에 구멍이 났다.
미처 끓여내지 못한 묵은지의 붉은 핏물이 뚝뚝 흐른다.
당구장 형들의 대화 중에 냄비라는 단어가 슬쩍 들렸다.
아는 형들이 미소 지으며 어젯밤 냄비를 만났다고 한다.

집으로 돌아와서 은어를 해부하는데 꽤나 시간이 걸렸다.
냄비는 음식 끓인다는 사명을 가지고 이 땅에 태어났다.
냄비는 음식뿐만 아니라 뭇 사내들을 팔팔 끓여내고 있다.
냄비 속에 연둣빛 봄을 집어넣자 연분홍 사랑이 끓는다.

진달래꽃

재래시장 갔는데 달래 냉이에 눈동자 빠져 허우적거린다.
진달래꽃 붉어지던 그 날밤 정사가 갑자기 생각난다.
차돌박이 달래 된장찌개와 녹두전에 막걸리를 시킨다.
나는 달래, 그녀는 냉이, 사랑을 달래도 매몰찬 거절이다.

봄이 다듬어놓은 골짜기마다 진달래꽃이 활짝 피어있다.
이민 떠나 잘살고 있다는 소식을 그녀 오빠에게 듣는다.
이 바람 저 바람 모두 싫다고 떠나간 순이는 진달래꽃,
밤새도록 따내도 마르지 않던 꽃물이 온 산야를 적신다.

달의 몰락도 리듬이다

마니산 계곡 함허동천 암벽 위에 뜬 흰 달의 뼈가 보인다.
지난밤 중생의 상처를 얼마나 어루만졌는지 궁금하다.
전등사 대웅전 석가불에게 합장하고 물어보니 웃으신다.

스님 목탁 소리 염불에 맞춰 백팔 배 절을 하면서 듣는다.
달님은 제 피부 발라내 중생의 상처에 밤새 바르신단다.
저녁달이 아침 하얀 달로 뼈만 보이는 몰락도 리듬이다.

남아있는 게 별로 없습니다

피려고 왔던 가 지려고 왔던가 꽃에게 물어봐야겠습니다.
봄꽃이 항상 남는 것은 웃음과 울음뿐이라고 말합니다.
피는 건 웃음이 목울대 너머로 울컥 몰려오는 것입니다.
지는 건 울음이 목울대 너머로 울컥 몰려가는 것입니다.
언젠가 애인을 목울대 너머로 떠나보낸 적이 있습니다.
언젠가 애인을 목울대 너머로 받아들인 적이 있습니다.
내게는 웃음과 울음 빼고는 남아있는 게 별로 없습니다.

봄산

산은 사람들을 먹이기 위해 나물을 키운다고 했다.
나물 뜯는 아낙들 젖무덤이 봄 산처럼 부풀어 있다.
어느 장면이든 새는 재잘재잘 지저귀며 날아다닌다.
봄산에 오른다는 것은 봄나물을 해독한다는 것이다.
산은 살랑대는 봄바람에 온종일 누군가를 기다린다.
저녁이 되면 그대도 소주 생각이 나는지 묻고 싶다.

죽림원의 달

팔월 중순 죽림원에서 일박하기 위해 밤늦게 도착했습니다. 태초의 침묵이 허허虛虛롭게 달을 베고 있었지요. 대나무에 귀 대고 무슨 소리가 나는지 가만히 들어보았습니다.

침묵은 수천 년 부처님 귀밑 미소 미풍처럼 고요했습니다.

대나무 술 준비하고 달을 베고 누워있는 침묵을 손바닥에 올려놓았습니다. 한잔할 때마다 삼 분의 일씩 삼켰습니다. 술과 침묵 다 삼키자 달 속 토끼가 허虛 자를 그렸습니다.

오이도

누가 이 섬이 까마귀 귀를 닮았다 했는가.
신석기 시대 오이도 패총에게 물어야겠다.

밀물과 썰물이면 전설이 모였다 흩어지고,
까마귀는 그 전설을 들으려 귀를 열었다지.

포식자와 피식자는 아주 오래된 춤을 추고,
사람들의 행복한 교실은 더 넓어질 것이다.

오이도 구경을 가면 낙조의 간이 적절한지
손가락으로 살짝 찍어 보고 돌아오곤 했다.

부활

겨울이 덮던 이불의 솜털이 봄나무에서 꽃으로 부활한다.
꽃은 피고 질 때마다 봄에서 겨울로 오고 가고는 한다.

석가는 장례식에 가 돼지고기 먹은 게 잘못되어 숨졌고,
예수는 진리와 정의를 말해 따르는 무리 때문에 숨졌다.

석가는 자비를 통해 부활하여 사찰에 가면 만날 수 있고,
예수는 은총을 통해 부활하여 교회에 가면 만날 수 있다.

당신이나 나도 매일 죽었다가 부활하는 일을 거듭한다.
봄꽃이 겨울 수의를 벗고 예쁜 옷으로 갈아입고 있다.

순결한 꽃

오늘 밤 피부는 제게 맡기고 안녕히 주무시란다.
당신이 좀 더 아름답게 보이려 위장하는 것이다.
전쟁 중 적에게 들키지 않으려고 화장을 했단다.

내가 아는 사내는 부인의 민낯을 본 적이 없단다.
내가 아는 그녀는 화장 지우면 알아볼 수 없단다.
은은하게 화장하여도 당신은 정녕 순결한 꽃이리.

공짜

봄을 마시고 호기심 가득하여 한 걸음씩 걸어간다.
나무와 숲속을 용감한 달빛은 공짜로 헤집고 있다.
물의 잔에서 불이 붙었다는 전설도 공짜로 듣는다.

새들의 사랑 노래 여기저기 맘껏 듣는 것도 공짜다.
벌 나비 노니는 산과 들에 만발한 꽃구경도 공짜다.
피 터지게 싸우다가 들어온 지상낙원이 여기 있다.

| 제3부 |

하얀 목련 브레지어

앞섬과 뒷섬 사이 목련이 허공을 사뿐사뿐 걷고 있다.
마침 그녀가 앞섬 베란다에 목련 브라자를 널고 있다.
앞섬과 뒷섬 사이에서 외로움도 사치라는 말이 무색하다.
색골 사내 때문에 뒤통수가 뜨거워졌는지 커튼을 내리고,
달빛 아래 사냥하는 전갈처럼 죽은 낙타 뼈에 몸을 숨긴다.

뜬금없이 한 잔

봄이 한창 끓어 넘치는 저녁에 낙화가 발길을 붙잡는다.

막 찍어낸 백동전처럼 떨어지는데 문득 할 말을 잊는다.

마음도 몸도 시공을 떠나 존재하니 뜬금없이 한 잔 한다.

벚꽃 아래서

허공 경계에 편하게 핀 벚꽃 나무 아래 살까요.
빗물에 씻긴 듯이 해맑은 피부 산뜻한 얼굴에,
비스듬히 떨어진 머리결의 당신은 어떠십니까.

벚꽃으로 만든 옷은 날아갈 듯 사뿐사뿐할까요.
지금 꽃길 걷는다 해도 곧 그 꽃은 떨어집니다.
당신은 웃고만 있네요 바라보는 나도 웃습니다.

달맞이꽃으로 어머니 들어가신다

밤의 아파트는 마치 해골, 불 꺼진 층은 육신이 영혼에게 빼앗긴 영토다.

밤은 산과 강과 숲에 귀를 대고 도시로 스며들어 토닥이는 어머니의 귀다.

흠씬 두들겨 맞아 각 세운 검은 도깨비들의 집 드문드문 불 밝혀져 있다.

저기에 사람이 산다는 추리소설 무대처럼 주인공이 블라인드를 내린다.

풀릴 듯 말 듯 생각은 거미줄 가운데 호랑가시거미 날렵한 묵도의 자세다.

당신은 나의 꽃이 되기 위해 물관에 얼마나 많은 물을 부었습니까.

당신은 달맞이꽃, 당신은 지금 하현달을 가슴에 품고 계십니다.

하현달은 해골 같은 아파트에 입 맞추고 미소를 짓고 있습니다.

이지러지는 저 달의 몰락은 꽃잎이 떨어지는 것이지요.

차오르는 저 별들의 번성은 꽃잎이 벌어지는 것이지요.
어머니, 바보로 살다 보면 암에는 안 걸린다 하셨던가요.
나는 달맞이꽃을 보면 바보가 됩니다 어머니는 지금,
바보 아들을 지켜보시다가 달맞이꽃으로 들어가십니다.

꿈꾸는 매화이고 싶다

하늘이 주는 재능을 찾아내고자 평생 동안 헤맸다.
할 수 있다, 하면 된다, 해야겠다, 소리 듣고 싶었다.
당신이 하늘에서 내려왔다면 오늘이 바로 그날이다.

매화꽃 피면 이쁜 짓도 당당할 수 있다고 생각했다.
낙화가 지면 연둣빛 유두는 더 붉으리라 생각했다.
그녀의 팔뚝에 영원히 피어있는 매화꽃을 바라보며.

물고기는 눈꺼풀이 없다

매일 밤마다 꿈꾸는 어린 물고기가 있습니다.
창공을 새들처럼 날아다니는 꿈을 꾸었습니다.
멋지게 날아야지 힘차게 지느러미 휘젓습니다.
그러나 아무리 빨리 휘저어도 물속이었습니다.

날아다니는 재주가 없다고 한탄하고 있었을 때,
여름날 천둥 번개가 내리치자 새들이 혼비백산,
제 둥지로 들어가서 오돌오돌 떨고 있었습니다.
어린 물고기는 물이 안전하다는 걸 알았습니다.

새들처럼 날아다니는 꿈 또 꾸기 시작했습니다.
날아다니려면 깜박깜박 눈꺼풀이 필요했습니다.
눈꺼풀이 없어 눈 뜨고 잔다는 걸 깨달았습니다.
이후 물고기는 날아다니는 꿈 꾸지 않았습니다.

봄 밥상은 피아노다

어머니는 어린 나에게 봄 되면 제일 먼저 음악을 가르치셨습니다. 땅거미가 물고 온 진달래 노을이 여물어지면 밥상을 차렸습니다. 달래, 냉이, 방풍, 가지, 돌, 곰취, 두릅, 호박 나물을 올리셨습니다.

나물 맛의 음색이 낮고 높고 다르니 골고루 느끼라고 하셨습니다. 당신이 안단테 안단테 하자 나는 밥상의 피아노를 맛있게 쳤습니다. 달래, 방풍, 돌나물 먹으면 도, 미, 솔이 입속에서 튀어나왔습니다.

칡넝쿨

내 마음에는 이란성 쌍둥이가 월세도 내지 않고 산다.
가끔 으르렁대며 거리를 두고 광기의 칼춤을 추는데,
물에 불려 한 올 한 올 청올치 실 만들어 갈포를 짠다.

갈포벽지 창문 넘어 칡넝쿨이 휘감자 나무가 신음한다.
옥죄어 죽일 듯 나무 자리에 새로운 칡넝쿨은 뱀이다.
내 마음에는 티격태격 절망과 희망이 똬리 틀고 있다.

물활론物活論

계양산에 바람이 일어 계수나무가 심하게 흔들린다.
달 속 계수나무 가지도 바람에 떨어질 것만 같았다.
화성으로 날아가 꽂히면 새싹 돋을지 의심이 생겼다.

소싯적에 잠자리에서 내일 깨어나지 못하면 어쩌지.
동굴에 원시 인류 조상들의 생각이 답습으로 흘렀다.
의심병이 있어서 당신과 나도 존재한다고 생각했다.

바야흐로 오월 하늘에 천둥 번개 치며 바람이 불었다.
계수 나뭇잎이 흔들리는 소리를 그녀에게 보여주었다.
당신의 심장에서 자란 나무가 의심해 떠는소리라 한다.

역마살

두 달 전 소개받은 싱글 여자 가냘픈 몸매에 황금연휴라.
군산으로 휴가 가는 날 곳속을 나온 나비 날개를 달았다.

젊은 남편은 저승사자에 홀린 꿈 꾸듯이 반듯이 누워,
이십 년 살아온 영혼 뜯어 놓고 하늘로 졸졸 따라갔네.

과수댁 역마살 꿈틀거리는 듯 바다 구경하러 떠나는데,
금수강산 안 가보면 심장에 못이 박혀 봄 구름 올라타네.

귀경길에 부안에서 점심으로 뽕 죽 먹었다고 사진 보냈네.
얼마나 더 다녀야 역마살 빠지는지 천리마에게 물어야겠네.

역마살 끼고 싶었겠냐 마는 태어난 日時가 그렇다 하니,
사주팔자라 그래 그녀의 송아지 같은 발목 바라볼 뿐이네.

빗소리

오월 초순에 여름 날씨로 봄도 건망증을 앓고 있습니다.
하늘은 봄님에게 앞질러 가지 마시라며 비를 내렸습니다.
몸이 뜨거워진 봄에게 해열제 먹이는 소리로 들렸습니다.

노란 꽃 잔에 빗물 한 잔 마시자 봄은 제정신 차렸습니다.
제철 열매는 익어서 절로 떨어질 때 빗소리로 들렸습니다.
빗소리 들으며 자란 열매는 殘存의 놀라운 被造物입니다.

찔레꽃

봄 산행하는데 농염한 여인의 향기가 코끝에서 맴도네.
찔레꽃이 가던 길 멈추게 하고 사랑의 향기 기억하라네.
하얀색과 분홍색 꽃 소박하면서 은은한 향기 당신이네.

어머니는 팥알만 한 앙증 빨간 열매 따서 그늘에 말려,
누이동생들이 생리통으로 배 아프다 하면 달여주셨네.
흔들리는 마음 사로잡아 꼼짝달싹 못하게 한 당신이네.

땅콩

그녀의 손가락에 매달린 손톱이다. 콩꽃이 떨어진 자리에 손톱 공사가 시작됐다. 저기 저 자리는 한 마디 떨어진 자리다. 맛없는 맥주를 마시며 투덜거리기엔 시간이 없다.

안주로 오른 땅콩은 손톱을 뽑아낸 것처럼, 빈 배를 뒤집고 속살에 선을 긋고 미소를 보낸다. 바다의 절벽은 파도이듯이, 건기와 우기의 리듬이 숲속을 지배하듯이, 인상적인데 우리를 심심풀이 땅콩이란다.

최선을 다 해도 소용이 없으면 땅콩은 멸종될지 모른다. 누에고치 같은 껍질 속에서 경고음이 들렸다. 이름을 모르면 풀이요 알면 약초다. 땅콩의 이름은 우주에서 날라 온 것이다. 맥주를 마시며 땅콩을 연신 까먹는다. 얼큰하니 취기가 돌고 코끝이 화끈하다.

다음 날 아침에 얼굴 복사하는데 일그러진 코끝 실핏줄이 뿌리를 키우고 있다. 코에서 땅콩 싹 돋는 듯이 간질간질했다. 땅콩 없이 마시는 맥주 맛은 그녀가 뽕부라자 벗은 듯 빈약했다.

맛없는 맥주 마시기에는 인생이 짧다. 음식 만들 때 조미료 치듯이 맥주 마실 때 땅콩을 찾는다. 객관적 상관물로 맛의 온도를 높이는 그대는 그녀의 손가락에 매달린 손톱이다.

어느 봄날

어느 봄날 꿈속의 귀퉁이 텃밭에 푸른 새싹 돋듯 꿈을 심는다.

바람과 비와 눈을 맞고 살짝 꿈처럼 하늘길에 새싹은 왜 돋는지.

인생 뭐 별거 있냐며 구름 속 거닐던 꿈이 물 같은 바람이 된다.

어느 봄날에 안개가 꿈으로 스미니 꿈길 물 씨의 경계 흐릿하다.

허공 뜬 꽃대궐 안방 차지가 당신에게 욕되게 한 것은 아닌지.

한낱 꿈 구름 언덕 아래 지상 바라보는데 봄은 나비 춘풍이로다.

검은 호주머니

장밋빛 입술을 가진 새벽이 인천대교를 끌어온다. 지네 다리는 상판에 무게 골고루 분산시키려 하늘을 들고 있다. 휘어져 들어온 빛이 내 호주머니에 쑤셔 넣어지면, 검은 호주머니 속에 사는 블랙홀이 삼킨다. 검은 호주머니에 빛은 보존되어 있어 언젠가 빠져나갈 것이다. 그 빛은 당신이고, 사랑에 빠지면 밀도가 무한히 큰 하나의 점으로 압축되곤 했다. 사랑은 우주를 가지고 주사위 놀이를 하지 않지만, 사랑은 그저 가끔 안 보이는 사랑의 지평선으로 주사위를 던진다. 검은 호주머니 속의 사랑, 사랑은 블랙홀에 빠지는데, 오로지 검은 호주머니 지평선으로 넘어오는 사랑만 잡아당긴다. 그런데 여적지 당신뿐이다.

바나나의 감정

별은 폭발하면서 그리운 내면을 숨긴다.
죽순처럼 올라온 몸에 다닥다닥 초록 알 붙인다.
뜨거운 무대의 소품이 초록에서 노란 옷 갈아입는 마술,
당신의 심장이 뿜어내는 에너지는 초신성 때문이다.
별은 폭발해 당신 몸속에 스며든다.
눈 감은 바람이 달콤한 사랑 맛본다.
내 몸속에 사는 파도는 바나나의 감정으로 춤춘다.
동맥이란 강에서 정맥이라는 실개천으로 흐르는 명사다.
사랑은 초신성 폭발의 힘을 가지고
허공에 매달려 익어가는 초승달처럼,
아름다운 추억을 매달고 싶어 하지.
사랑은 파도와 같아서 오랫동안 잡아둘 수 없지.
사랑은 산소보다 무거워서
거대한 감정이 폭발할 때,
그리움이 남는데 감정의 원소다.
그래서 헤어진 그대 생각하면 눈물이 난다.
무거운 감정이 생성되다가 마지막에 폭발한다.

우리는 바나나 속에 사는 초신성처럼 존재한다.
부엉이 발톱으로 슬금슬금 긁어온 무서운 봄밤,
질투로 빚어낸 노란 초승달을 따서 그 껍질 벗기자.
별들이 폭죽처럼 쏟아지며 은하계로 날아간다.

재잘거리며 살고 싶다

잔뜩 흐린 날씨는 마치 뾰루퉁한 당신의 흰 뺨입니다.
당신은 빈 접시를 들고 봄비를 담으려고 서 있습니다.
드디어 봄비가 내리자 산과 들이 쪽쪽쪽 키스를 해댑니다.
땐에는 나무 아가들이 하도 빨아대 젖꼭지가 아팠습니다.

당신은 하얀 접시로 살짝 덮은 빗물에 발을 담급니다.
그 모습이 너무 아련해 내 몸속에 물로 연못을 만듭니다.
당신의 복숭씨 비추며 날이 어두워지기 전 몇 시간 동안,
소소한 일상을 그저 재잘거리며 살고 싶다고 했습니다.

고양이의 담즙질

고양이는 양지바른 담벼락을 병풍 삼아 동그랗게 말아버렸다.

구겨지는 몸으로 구멍에 머리 들어가면 뒷다리는 좋아 외쳤다.

고양이가 혀로 핥자 다리에 검은 털의 윤기가 미소로 번졌다.

담장 위에서 노려보는 눈동자에 장미가 분주하게 춤추고 있다.

액션영화 좋아해 자신이 주인공인 것처럼 착각에 빠지곤 했다.

야옹 야옹이라고 소리 지르지만 잘 들어보면 담즙질 호령이다.

자라

봄이 한창일 때 민물고기 파는 집 지나가다 보았다. 빨간 고무통에 자라 한 마리가 출입문을 지키고 있다. 네 다리를 허우적거리며 도망갈 구멍을 찾고 있다.

중년 여자가 영감 끓여 주면 좋겠네 하며 입맛을 다신다. 가게 주인이 파리 떼 날리듯이 애들을 내쫓는다. 여자가 몸뻬바지 주머니에서 꼬깃한 돈을 꺼내 준다.

손가락 물면 잘립니다 검정 비닐봉지에 담아준다. 영감님 죽은 거시기 펄펄 살아나야 하는데 염불하듯 중얼거리며 씰룩쌜룩 인파 속으로 사라진다.

번데기

주름에서 변형된 은유의 시가 보이면서 이름이 붙었다.
암갈색이 완전변태로 우화 해 세상 품으려고 탈바꿈할 때,
새끼손가락만 한 껍질 속에서 세균 곤충의 침입을 막았다.

번데기 씹을 때 누에가 꿈틀거리듯 눈썹이 찡끗거려진다.
내가 번데기 앞에서 주름을 잡자 당신이 좋아 죽을 때,
나는 당신만을 당신은 나만을 번데기로 소주를 마셨다.

철 지난 비틀즈 음악에 머리가 번데기 꿈틀거리듯 했다.
어둠이 매달린 분위기가 방광에서 꿈틀거리기 시작할 때,
술에 취한 번데기들이 소변기 아래로 낙하하고 있었다.

나무는 하늘의 계단

문학산에 오르다 나무 아래서 올려 다 봤다.
하늘의 계단에 성장판이 닫히지 않은 듯 보였다.
내가 내 몸에 있는 뼈에게 물었다.
성장판은 이미 오래전에 닫혔는가?
모든 뼈가 침묵을 지킬 때
내 몸 심연의 깊은 곳에서 소리가 들렸다.
마음의 성장판은 아직도 열려 있습니다.
하마터면 큰일 날 뻔했다.
마음의 성장판이 닫혔다면
이 세상 무슨 재미로 살아갈까.
자신에게 위로하듯 깊은숨을 내뱉었다.
언젠가 저 나무가 하늘에 닿으면
제일 먼저 올라갈 자 누구일까.
고분에서 제일 먼저 벌떡
백제의 근초고왕이 일어날 것이다.
그가 倭에 보낸 칼에 나뭇가지가
일곱 개 달려 있다.

나무는 하늘로 올라가는 계단을
지금도 만드는 중이다.
나무를 보고 있으면 마음의 성장판이 열린다.
나무는 하늘의 계단처럼 뻗어 올라갈 뿐이다.

| 제4부 |

삼일 끊었다 먹는 술

간이 옆구리로 삐져나와 며칠 동안 술 마시는 걸 참았다. 담당 의사가 하루 술 마시면 삼 일은 쉬라는 말이 맴돈다. 일요일부터 참았으니 수요일 오전이 되자 당연 출출해진다. 친구에게 연락하여 술시에 만나자 했는데 기다리기 지루하다. 포차 술집으로 가는 발걸음이 소주 냄새를 맡아 가볍다. 여러 순배 돌고 참치회 한 점 한 점 먹어 바닥이 보일 때, 한 떨기 붉은 아기 장미가 애처로워 보이기 시작한다. 가시 발라낸 참치회에 가시 돋힌 장미는 배반의 그림이다. 물인 듯 물도 아닌 거를 한 잔 두 잔 마시면 기분 좋아지니, 술은 시의 원자란 것이 술을 마셔보면 그 답이 달에 쓰여 있다. 달 보고 친구와 술 마시면 누구든 시인이 된다고 했으니, 문득 달 뜨면 시 쓰자는 것인지 허구한 날 술을 마시곤 한다.

십 센티의 행복

촛불 켜고 초코과자 먹으면 행복하다는 걸 아는 데 십 년이 걸렸다. 십 센티 높이로 바라보는 인물의 각도에 사랑받을 용기가 사라져 버린다. 십 센티 손가락이 세상의 기쁨과 슬픔을 절반씩 나누어 가지고 있다.

십 센티의 혀도 그 행복 테두리 안에서 용솟음치다 제풀에 죽는다. 십 센티 낮은 눈으로 보는 인물 각도로 사랑받을 용기가 되살아난다. 십 센티의 들풀꽃은 영토와 먹이 전쟁으로 총성이 끊어지지 않는다.

물새가 십 센티 정도 수면 아래 떠오른 물고기를 주둥이로 찍어낸다. 십 센티 뒤꿈치를 들면 먹이 사냥도 쉽지만 십 센티 낮추면 도망친다. 그녀가 십 센티 하이힐 신고 걸으면 행복해지는 걸 아는데 십 년 사냥당했다.

각설탕을 꺼내다

배꼽이 배를 흔들며 '속임' 한 번 더 외치면 나는 별자리로 떠나는 여행자가 된다. 우연을 필연으로 가장하는 위장결혼은 영락없이 서랍에서 꺼낸 각설탕이다. 꽃등에는 꿀벌처럼 위장하여 새에게 잡아먹히지 않으려는 생존본능이 있다. 화장하고 매만지고 길거리로 나서는데 사람들의 꿀 시선이 착착 달라붙는다.

농산물시장에서 '황도 당도 기절'이라는 푯말을 보고 한 상자 사들고 돌아온다. 무척이나 달겠지 조건반사로 침이 나오는데 웬걸 무 당도라 기절할 뻔했다. 황도 상자 바닥이 언제 드러날까 생각하는데 당이 떨어졌나 별이 지나간다. 커피 한 잔 타는데 '속임' 한 번 더 각인된 지시로 서랍 안 각설탕을 꺼낸다.

천년바위에 시인이 산다

천년바위에서 부는 바람에 서면 몸도 마음도 투명해진다.
삶이 행복하여도 입속에 모래가 서걱거리면 불편하다.
조리질할 때 물에 잠긴 천년바위는 바람이 경작한 예술이다.

비 내리는 밤에는 천년바위 무릎에서 곡소리가 들린다.
백 년 동안이나 물었지 만 천년바위는 꿀 먹은 벙어리다.
천년바위에 감정 넣어 시 쓰는 댁은 어느 별에서 왔습니까.

떨이 꽃게탕

김포 양곡장에는 초하루부터 닷새마다 채소 생선 잡화 우시장이 열립니다. 감나무 이파리가 늦가을 떨이처럼 몇 잎만 남아있습니다. 어머니는 생선가게에서 빨간 고무다라의 꽃게 몽땅 사 오셨습니다. 양은 냄비에 갖은양념 집어넣고 꽃게탕을 매콤하게 끓여 주셨습니다.

발 달린 것들을 싫어하신 어머니신데 어쩌다 꽃게 사오셨습니다. 떨이 꽃게탕 먹고 한 시간쯤 지나자 배가 아프기 시작했습니다. 약 먹어도 차도가 없어 세브란스 병원에 가 응급 치료를 받았습니다. 어머니는 감나무의 이파리가 함께 담긴 떨이 꽃게를 또 사 오셨습니다.

당근

바야흐로 한철인 오뉴월 메뚜기다. 이 당 저 당 듣보잡당도 고개를 내민다. 뻣뻣한 목에 석고붕대 풀었는지 고개를 숙인다. 붓뚜껑 끝 '人'에 붉은 인주 묻혀 투표용지에 이 당 저 당 찍으면서도 마음이 왔다 갔다 한다.

메뚜기 한철 내내 야리꾸리한 말이 머릿속에서 맴돈다. 잘난 인물 따져보니 다 黨根에서 나온 것이구나. 오이가 엄마에게 물었다, 나 오이 맞지? 당근이지! 오이는 당근 자식이란 말에 충격을 받아 식탁에 같이 오르지 않는다.

당선과 낙선의 줄은 연분홍 봄바람이 살살 잡아당겼다 놓았다 한다. 당근이지.

그녀가 빨아들이는 봄비

봄비는 내리는 것이 아니라 대지가 빨아들이는 거다.
대지는 하늘 구름에게 일찌감치 봄비를 주문해 두었다.
늘 가물어 있는 그녀는 낙타의 눈썹처럼 껌벅거린다.
빗물이 고인 연못을 보면 아랫도리가 먼저 알아본다.

청개구리

서른아홉에 청상과부가 된 어머니는 바람 필 생각이 없었을까. 스무 살 때 어머니가 주위에서 재혼하라는데 너는 어떠냐 물으셨다. 몰라도 너무 모른 나는 일언지하에 호적을 파내고 가세요 했다. 그 후부터 어두운 부엌에서 가끔 낮고 구슬픈 노래가 들려왔다. 눈물이 눈썹을 찌르고 안개의 거리 방황하듯 어깨가 들썩였다. 김포 쪽 농군이 팔러온 곡식을 사서 시장에 되파셨다. 사남매 다 키워 공부시키고 조그만 집 한 채도 장만하셨다. 봄날에 개구리알 낳듯 어머니 몫까지 연애하는 나는 불효자입니다.

청혼

진달래가 영토 싸움으로 척박한 산으로 밀려났다.
바람에 빈 껍데기처럼 가볍게 밀리는 게 생존이다.
진달래 해가 개나리 달 사랑한다는 소문이 돌자,
해와 달이 서로 만나기 어려워 지상에 씨를 뿌렸다.

진달래는 해로 개나리는 달의 씨로 싹을 틔웠다.
봄이면 진달래는 개나리에게 바람의 청혼을 했다.
조마조마 답장 기다리는 진달래 얼굴이 붉어지자,
새색시 인양 개나리는 부끄러워 얼굴이 노래졌다.

수국

재작년 꿈 같은 분홍색 수국 입양으로 가족이 됐습니다.
처녀 봉긋한 가슴에 봄물 들 듯 분홍색 꽃 활짝 폈습니다.
작년 봄 분갈이해주었더니 꽃대가 살짝 올라왔습니다.
분홍 꽃일 때는 따듯했는데 파란 꽃 피자 냉정해집니다.

토양이 바뀌면 마음이 바뀐다는 것을 가르쳐 주었습니다.
수국을 어머니 묘 옆에 심고 무슨 색깔일까 기다렸습니다.
청명에 보니 분홍 꽃에서 처녀들이 멱을 감고 있었습니다.
분홍 좋아하신 어머니 저승에서도 처녀의 꿈 여전합니다.

을왕리 물고기가 말했다

긴 마루처럼 생긴 영종도에서 鐵새들이 이착륙 한다.
전쟁통에는 군화 발자국 소리가 인천으로 상륙했단다.
전사한 청춘들 곡소리가 바람 부는 날이면 가끔 들린다.

이즈음에 알찬 봄 꽃게와 물오른 주꾸미 잡히는 것은,
인천 앞바다에 떠도는 영혼들을 달래 주기 위함이란다.
어제 을왕리 해변을 걸으며 들은 물고기들의 귀엣말이다.

어머니의 척

겨울인가 했더니 어느새 봄꽃 피기 시작하네.
밤이면 겨울 습성으로 온도가 내려가다 보니,
낮에 핀 꽃들이 봄인 척하다가 춥다고 떠네.

가끔 배부른 척하셨는데 더 먹으라는 거였네.
가끔 얼굴이 푸석했네만 안 아픈 척하셨다네.
어머니 자연스러운 척 몰라도 너무 몰랐다네.

기울기 23.5도

유목민은 푸른 초원을 찾아서 가축 떼를 몰고 다닌다.
초지는 자연의 기울기에 따라서 싹이 돋았으니 말이다.
철새는 기울기가 겨울로 기울어지면 남쪽으로 찾아간다.
봄에 꽃이 피는 것도 기울어진 대지의 각도 때문이다.

각 세운다는 것은 나뭇잎을 뽑아내 벽을 치는 일이다.
기울기로 숲은 움직이는데 우리는 알아채지 못할 뿐이다.
우리네 사랑도 기울기에 따라서 붙었다 떨어졌다 한다.
기울기는 우주에서 탈출해 영원히 구르는 전위 예술이다.

송아지

모 방송 창사특집 다큐멘타리 재방송을 보고 있노라니,
유목민은 소젖 짜고 송아지가 먹을 때까지 기다리더라.
소젖에 흡착기 대고 짜는 강원도 목장이 문득 생각난다.
기다리는 유목민 눈동자에는 한 올 욕심 티끌도 없었다.
티브이 끄고 우유 마시는데 송아지가 어른거려 미안하다.

삼사월

삼월은 싹이 트고 사월은 죽은 꽃잎과 나뭇잎을 털어낸다.
삼월과 사월에는 기다리는 사랑이 생존 시계를 차고 온다.
밤공기가 몇 시간을 지배하면 붉고 노란색은 더 짙어진다.

삼사월 맑은 이슬 속을 들여다 본다.
삼사월이 '누구게' 묻는다.
뒤에서 잡은 손 보고 누군지 척 알지만,
미소로 고개 돌려 바라보고 씨익 웃는다.
삼사월은,
한데 어울려 봄놀이 가서 뽐내는 것이다.
아, 이제 봄이 막 시작됐으니 큰일 났다.
삼사월 꺼억꺼억 숨는 달밤에 어떻게 보낼꺼냐.

틀니

자식새끼 날 때마다 어머니 이에 숭숭 구멍이 생겼습니다.
온몸을 다 파먹었는데 나중에는 이까지 파먹었습니다.
거기다 달콤한 과자 달고 살았으니 오죽이나 했겠습니까.
오십 줄에는 허물어진 밭둑처럼 듬성듬성 빠지셨습니다.

첫월급은 내복 선물들 하는데 저는 틀니 해드렸습니다.
숭숭 뚫린 썩은 이들을 뽑아내고 틀니 얹혀 드렸습니다.
언젠가 식사 때 밥맛은 좋은데 씹기 불편하다 했습니다.
북망산 어머니 임플란트 못 해 드린 거 정말 죄송합니다.

산딸나무 아래서

바람 불 때 홀로 길을 나설 일이 아니다.
어느 쪽으로 갈까 하다 문득 그리워지면.
몸 밖에서 안쪽으로 타오르는 작은 불씨.
마음에 안 가본 길 내며 살아 볼 일이다.
길 잃고 내려온 그대 쉴 자리 안내해 주고,
물냄새 실어와 포근한 저녁을 베풀 일이다.
꽃 필 때 길 잃은 그대와 함께 울 일이다.
심금을 울리는 연극 대사에 감동할 일이다.
온 세상이 바람에 휩싸인다 하여도.
십자가 산딸나무 꽃피우면 그대 생각한다.
언젠가 때가 되면 바람의 옷고름 붙들고
피아노 소리에 꽃대 젓는 산딸나무 아래서,
그대가 길을 잃지 않도록 사랑할 일이다.

봄꽃에서 비 냄새가 난다

어느 이른 봄날 동쪽 하늘을 산책하는 비가 있었다.
지상을 내려다보다 생명을 주려고 걸어서 내려온다.
봄비는 나무와 숲을 흔들어 곤히 잠든 땅을 깨운다.

비 냄새를 맡은 생명들이 냄새 따라 몰려오고 있다.
비 뿌리고 구름이 북으로 가자 봄꽃 피기 시작했다.
봄꽃 향기를 맡으면 하늘 방랑자의 비 냄새가 난다.

오월이 더위 먹다

오월이 아니라 칠월 날씨입니다.
오월에 사흘 연속 비가 언제 내린 적 있는지요.
유월 건너뛰려고 오월이 바지를 무릎까지 올리고
도움닫기 하려 합니다.
열두 달에서 한 달이 줄어든다면
어둠과 악수와 고통과 화해하지 않고,
자전하는 지구가 열병 앓고 있다는 말씀인가요.
바람 청진기가 지구의 심장 소리 듣습니다.
숨 크게 들이마시고 내뱉으세요, 숨 참으세요.
정지된 화면이 은하계에 내걸리면,
하나님은 빙그레 웃으십니다.
삼백육십오일,
중상모략과 시기와 질투 때문에
전쟁으로 숭숭 구멍 뚫린 지구가 보입니다.
진통 해열제가 필요하다고 처방전 주십니다.
펼쳐보니, 용서와 배려로 사랑하라,
오월의 끝자락이 펄펄 끓고 있습니다.

봄산은 멍게다

손바닥만 한 바람이 불어오니 봄 산이 이마를 내준다.
봄 산은 어릴 적 어머니에게 공손히 이마 내주듯 하니,
바람은 봄 산이 얼마나 열나는지 이마를 꾹꾹 짚는다.

봄 산은 새싹이 나고 종달새 지저귀면 사랑놀이 한다.
사랑놀이도 봄바람에 시들해지자 운동을 열심히 하니,
집 나갔던 근육이 돌아와 봄 산이 멍게처럼 붉어진다.

토끼풀꽃 그림자

토끼풀꽃은 아름답다고 칭찬을 해주면 자만하기도 한다.
바람이 부는 날 제 몸에서 자란 그림자를 향해 묻는다.
너는 어찌하여 내 아름다운 색깔을 보여주지 않는 것이냐.
그림자는 다만 색깔이 없는 당신의 영혼이라고 대답한다.

|해설|

심연의 기억술

—김영진의 시시계

문신 | 시인·우석대 교수

1. 몸, 최초의 심연

피어 브룩스는 "육체를 서술적 의미의 주매개로 삼지 않고는 이야기의 서술이란 애초에 불가능하다"는 의견을 제시한 적 있다. 인간의 육체야말로 모든 이야기의 중심 제재이자 매개이며 주제라는 것이다. 그럴 때 육체는 기묘하게 일그러질 수밖에 없다. 인간 정신의 거처인 육체가 그 정신과 분리되면서 정신의 타자가 되기 때문이다. 더 중요한 사실은 육체가 타자화 되는 순간, 육체는 인간 정신이 서술해야 하는 사물성으로 전락한다는 점이다. 이렇게 육체의 타자화, 사물화는 인간성이 굴절된 하나의 사태에 직면하여 서술됨으로

써 '의미'를 획득할 가능성을 확보한다.

김영진 시인의 시를 읽으면서 육체성을 떠올린 것은 기본적으로 그의 시가 몸 또는 몸의 은유를 시적 제재로 삼고 있어서이지만, 그보다는 그의 시가 모종의 감각들을 활용하는 과정에서 포착하고 있는 삶의 의미에 눈길이 맺혀서이다. 가령 그가 "어릴 적 어머니가 지짐이 부치면 뱃속에서 먼저 쫄쫄 소리가 났다."(「진달래전」)라고 할 때, 이 시는 필연적으로 '쫄쫄 소리'를 해명해야 하는 운명과 마주하게 된다. 몸이 들려주고 싶은 이야기를 어떤 식으로든 시인은 해명해야 하며, 시인이 자기의 삶을 서술하는 일이 몸을 통과해야 하기 때문이다.

이렇게 시인은 자기 몸이 감추고 있는 증상을 진단하고, 그 깊은 심연의 최초를 해명하는 존재이다. "맥을 짚어보더니 한의사가 가슴에 불이 났다고 한다."(「흙덩어리는 불도 견딘다」)처럼, 시인은 몸을 매개로 자신의 심연에서 타오르고 있는 '불'을 확인하는 자이다. 그렇기 때문에 시인에게 몸은 활짝 열린 세계의 지평이자 자기 존재를 해명할 수 있는 유일한 곳이 된다. 김영진 시인의 시에서 '가슴에 불'은 일회성에 그치지 않고 시집 곳곳에서 그 변이 형태를 찾아볼 수 있다.

꽃잎에 눈동자가 베인 날 멍하니 벽에 박힌 못을 읽는다. 그림, 달력, 수건, 모자, 얼굴, 마음, 당신도 걸려있다. 창문 밖 상상 속 즉흥적이고 충동적인 새 한 마리가 유리창을 뚫고 들어와 모자 속에 둥지 튼다.

발가락을 물고 자궁 속 낮잠에 빠지는데 갑자기 핸드폰 진동 소리가 방바닥을 흔든다. 깜짝 놀라 눈을 뜨면서 내가 느낀 최초의 천지개벽이 되었다. 내 몸을 타자들의 집합장소와 밀회공간으로 임대를 놓는다.

못에 걸린 당신이 그림과 시계와 달력을 수건으로 닦아준다. 시간의 마음이 열리며 밤이 쉬는 창가로 죽은 자가 택배를 보낸다. 누런 삼베 속 발톱이 광기로 되살아난다. 새가 허공에 비명을 뿌리며 날아오른다.

-「꽃잎에 눈동자가 베인 날」 전문

이 시에서 "벽에 박힌 못"은 '가슴에 불'의 이형태에 가깝다. 인간의 심연이 특별한 순간에 개시되는 것처럼, '가슴에 불'도 "꽃잎에 눈동자가 베인 날"처럼 일상에 가해진 통절한 파열음을 동반한다. 그럴 때 '못'은 객관화된 사물이자 응시의 대상이 된다. 중요한 것은 그러한 응시의 순간이 '눈동자가 베인 날'처럼 일상에 균열이 발생할 때라는 점이다. 일상이 일그러지는 순간 시간과 공간의 질서는 해체되고, 그러한 무질서 속에서 심연에 가라앉아 있던 '불' 같은 욕망이 눈을 뜬다.

이렇게 우리의 욕망은 우리가 정상 범주라고 여겼던 것들의 약한 고리를 비집고 모습을 드러낸다. 김영진 시인이 말하는 "내가 느낀 최초의 천지개벽"이 바로 그 순간이다. 그리하여 '못'에 걸려 있는 "그림, 달력, 수건, 모자, 얼굴, 마음, 당신" 등을 목격하게 되는데, 그렇게 함으로써 김영진 시인은 자신의 "몸을 타자들의 집합장소와 밀회공간으로 임대"해 놓고 있다는 사실을 확인하게 된다. 따라서 이 시에서 보여주고 있는 "상상 속 즉흥적이고 충동적인" 세계에 침입해 있는 것들은 모두 외부자들이자 타자들이다. "새 한 마리"로 기호화 된 타자들은 화자가 "발가락을 물고 자궁 속 낮잠에 빠"져 있는 무방비 상태에서 느닷없이 찾아온다. 그리하여 타자들은 화자의 심연을 해석하고 해명하는 서술어로 기능한다. 이를테면 김영진 시인은 타자를 통해 자기 존재를 확인하고 있는 것이다.

2. 타자들, 소환되다

김영진 시인의 시를 읽다 보면 '나'는 내 안에 들어와 있는

'너'를 통해 나임을 증명할 수 있다는 사유와 자주 만나게 된다. 이러한 현상은 삶의 주체는 '나'이지만, 내 삶이 구체적으로 살아지는/서술되는 것은 '너'를 통해서라는 시적 인식에서 비롯한다. 널리 알려진 것처럼, 경험론은 인간의 존재론적 위상을 경험 과정에서 찾는 세계 이해의 방법이다. 이때 경험이라는 삶의 방식은 '나' 외부의 것들을 '나'의 영역으로 끌어들여 그것들을 '나'의 일부로 전환해내는 일이다. 그러한 까닭에 우리 인간이 지닌 의미의 가치는 그가 경험해 온 가치에 다름 아니고, 그 경험 가치의 근원이 '너', 즉 타자성에 있음을 알게 된다.

짚고 넘어가야 할 일은 경험이라는 삶의 양상이 그러하듯, 김영진 시인의 경우 타자성이 과거라는 시간성으로 나타난다는 점이다. 그의 시에 아버지와 어머니에 대한 '기억'이 유의미하게 반영되어 있고, 자신의 시대가 아니라 그분들의 시대에 적극적으로 반응하고 있다. 시의 존재 방식 중 하나가 회상이라는 점을 감안하면, 김영진 시인의 시는 과거를 현재로 소환해내는 시적 기억술의 발현일 것이다. 그 과정에서 그는 기억하는 자신이 아니라 자신 안에 들어와 있는 기억되는 타자에 초점을 맞춘다.

아버지는 바닥을 미끄러지며 기는 뱀의 건강을 선택하셨다.
수십 마리 뱀을 항아리 속에 넣어두었다가 뚜껑을 여셨는데,
며칠 지나자 하얀 밥알 같은 구더기가 득시글 득시글거렸다.
닭장 안에 뿌리면 닭들이 그 구더기를 순식간에 먹어 치웠다.

다음날 닭장에는 지독한 뱀독으로 깃털이 모조리 뽑혀있다.
아버지는 털 다 빠진 닭을 잡아 보양식을 만들어 주셨는데,
맛있게 먹고 난 우리들은 온몸에 열이 치받혀 춥지 않았다.
겨우내 훌렁 벗고 살아도 그 흔한 감기 한 번 걸리지 않았다.

-「뱀 먹은 닭」 전문

이 시는 주체가 육체를 통해 서술된다는 점과 타자를 통해 주체의 존재가 증명된다는 김영진 시인의 방법론을 명쾌하게 보여준다. 먼저 육체를 통해 주체가 서술되는 방식을 보자. "수십 마리 뱀"의 육체는 "구더기"와 "닭들"을 거쳐 "우리들"에게 당도한다. 이 과정을 통해 '우리들'의 몸 안에는 뱀, 구더기, 닭이 그것들의 육체성을 유지하면서 들어와 있다. 그것들은 각각의 존재 가치를 주체화하는 육체를 통해 구현/서술되고 있는데, 뱀독이 "털 빠진 닭"으로 자신을 서술하는 것이 그렇고 닭이 우리들의 "온몸에 열이 치받혀 춥지 않"게 스스로를 드러내는 것이 그렇다. 이렇게 김영진의

시는 자신의 몸을 통해 존재를 드러내는 개성적인 방법을 적극 활용한다.

이러한 시적 방법론은 자연스럽게 타자를 통해 주체의 주체됨을 드러내는 일로 연결된다. 깃털 빠진 닭이 자기 내부에 들어와 있는 뱀독의 타자성을 통해 존재 의의를 확보하는 것처럼, "감기 한 번 걸리지 않"은 화자 또한 그 닭을 "보양식"의 방식으로 타자화 함으로써 현존할 수 있게 되었다. 이러한 일련의 흐름을 통해 우리는 감정과 사유가 타자와의 접촉을 통해 촉발되고 저장되는 것처럼, 김영진 시인의 시가 자기 내부에 새롭게 거처를 마련한 세계의 흔적과 파장을 경험으로 삼아 형상화된다는 사실에 닿을 수 있다.

언젠가 당신이 죽으면 국립묘지로 간다는 이야기 들은 적 있습니다. 베트남전 참전용사로 국가에서 주는 연금으로 그럭저럭 지냈습니다. 비가 오려는 날 허리에서 총성이 들리면 신신파스 꺼내 붙였습니다. 당신은 얼마 전 베트남으로 여행 간다고 여권사진 찍으러 갔습니다.

고개를 오른쪽으로 조금 당기고 김치, 하고 웃자 사진이 찍혔습니다. 영정 사진 앞에서 절하는데 당신은 천진난만하게 웃고 있습니다. 평화로운 천국 여권사진이 굳어있으면 입국을 거절 당한다 하였습니다. 사진 찍을 때 왜 웃으라고 하는지 이제 알겠다고 당신은 웃었습니다.

-「천국의 여권사진」 전문

이 시는 "베트남전 참전용사"의 "영정 사진 앞에서 절하"면서 그에 대한 화자의 기억을 풀어놓고 있다. 화자는 영정 사진을 보면서 "언젠가" "이야기 들은 적 있"는 그의 삶을 떠올린다. 그런데 그의 삶은 "베트남전"과 "베트남으로 여행"이라는 시차의 간극을 관통하는 중이다. 이미 그의 몸은 베트남전의 서술 양상인 "허리에서 총성이 들리"는데, 그는 "여권사진 찍으러" 가서는 "김치, 하고 웃"고 있다. 이렇게 인간 삶의 비극과 희극을 동시에 구현하는 상황이 육체를 통해 폭로/서술되고 있는 것은 김영진 시인의 개성이다.

그러나 이 시에서 눈여겨볼 지점은 "당신"이라는 타자의 호명이다. 당신이라는 2인칭은 그것의 통상적인 기능, 다시 말해 '나'와 교섭하는 타자로서의 책무와 더불어 당신을 향한 '나'의 태도와 의무를 동반한다. 그런 까닭에 당신이라는 호명에는 타자에 대한 호명뿐만 아니라 타자에 대한 '나'의 윤리가 담겨 있다. 그리하여 나와 타자 사이의 거리가 해소

되게 되는데, 이러한 방식은 타자가 이미 주체의 심연에 자리하고 있다는 의미가 된다. 김영진 시인은 이렇게 나와 당신을 동일시하는 태도를 시적 윤리로 삼음으로써 이미 서정시의 정곡에 근접해 있다.

3. 사랑하는 타자들

김영진 시인이 천착하고 있는 또 하나의 타자는 자연이다. 이렇게 말하는 것은 너무 무책임하므로, 범위를 조금 줄여보자면, 김영진 시인은 계절 감각을 시적 대상으로 즐겨 사용한다. 이 경우 계절은 인간 삶의 시간적 지평에 속하는 필연적인 감각 자질이다. 따라서 그것은 삶과 밀착해 있는 '곁의 타자'라고 할 수 있을 것이다. 가령 "봄이 한창 끓어 넘치는 저녁에 낙화가 발길을 붙잡는다."(「뜬금없이 한 잔」)라거나 "오월 초순에 여름 날씨로 봄도 건망증을 앓고 있습니다."(「빗소리」), "겨울구름은 천사의 깃털이 모여 지상으로 내려갈 때를 기다립니다."(「겨울천사」) 같은 구절들이 곁의 타자의 전형을 이룬다. 계절 감각으로부터 촉발된 모종의 심상이 내면화됨으로써 타자와 주체의 분리가 불가능해지는 순간을 경험하는 것이다.

이렇게 계절 감각을 포함한 자연의 순리를 다룰 때 김영진 시인의 시는 견고한 형상성을 획득한다. 그는 대상의 육체성을 예리하게 읽어내고, 그것으로부터 자신의 몸에 모종의 흔적을 새겨놓는다. 이러한 과정을 통해 김영진 시인은 대상의 경험을 자신의 경험으로 전환하고 있는데, 이때 경험의 무의식에 깔려 있는 것은 사랑이다. 이번 시집에서 김영진 시인은 사랑이라는 시어를 육감적인 의미에서뿐만 아니라 고결하고 신성한 미적 자질에 이르기까지 다양한 맥락에서 활용하고 있다. 그것은 그가 사랑의 본질에 누구보다 눈이 밝다는 사실을 입증한다. 특히 그가 "사랑은 산소보다 무거워서/거대한 감정이 폭발할 때,/그리움이 남는데 감정의 원소다."(「바나나의 감정」)라고 정의할 때, 그의 시가 지향하는 바가 잘 드러난다. 사랑은 거대한 감정의 폭발 속에 그리움을 남긴다는 관점은 그의 시에서 줄곧 읽히는 주제 의식이기 때문이다.

바람 불 때 홀로 길을 나설 일이 아니다.
어느 쪽으로 갈까 하다 문득 그리워지면.
몸 밖에서 안쪽으로 타오르는 작은 불씨.
마음에 안 가본 길 내며 살아 볼 일이다.
길 잃고 내려온 그대 쉴 자리 안내해 주고,
물 냄새 실어와 포근한 저녁을 베풀 일이다.

꽃 필 때 길 잃은 그대와 함께 울 일이다.
심금을 울리는 연극 대사에 감동할 일이다.
온 세상이 바람에 휩싸인다 하여도.
십자가 산딸나무 꽃이 피면 그대 생각한다.
언젠가 때가 되면 바람의 옷고름 붙들고
피아노 소리에 꽃대 젓는 산딸나무 아래서,
그대가 길을 잃지 않도록 사랑할 일이다.

-「산딸나무 아래서」 전문

이 시는 몸의 심연이 품고 있던 욕망을 명징하게 서술하고 있다. 몸이 간직하고 있는 그리움이 "몸 밖에서 안쪽으로 타오르는 작은 불씨"가 되면서 "길 읽고 내려온 그대"와 함께 "포근한 저녁"을 맞이하고 "그대와 함께 울 일"을 차근차근 마련해간다. 그럴 때 '그대'는 더 이상 타자가 아니다. '그대'는 화자의 심연을 헤집어 그리움이라는 파문을 화자의 눈앞에 드러내는 주체화된 타자에 가깝다. 이를테면 화자가 '그대'를 통해 분열됨으로써 그동안 모호하게 감지하고 있던 그리움의 실체를 폭로하고 있는 것이다. 그럴 때 화자는 "마음에 안 가본 길 내며 살아"갈 수 있고, 이러한 도정을 통해 화자와 타자 모두 "길을 잃지 않"는 방법이 "사랑"임을 깨닫는다.

이렇게 지척의 사물과 사람들에게 마음을 기대는 일은 김영진 시인의 시가 우리의 삶을 얼마나 생생하게 포착하고 있는지를 말해준다. 수국, 냄비, 봄이불, 당근, 청개구리, 땅콩, 백목련, 뚝배기 등 그의 시적 대상은 구체적 형상을 갖춘 사물들인 경우가 많다. 그는 「물활론」이라는 시를 통해 그 이유를 해명하고 있다. 물활론은 모든 물체는 그 자체로 살아 있는 존재라고 보는 인간의 사유 방식이다. 따라서 물활론적 사유에는 인간과 사물과의 관계가 주체와 객체라는 이분법적 주종이 아니라 동등한 자기 독립적 관계라는 관점이 깔려 있다. 김영진 시인이 "계수 나뭇잎이 흔들리는 소리"를 "당신의 심장에서 자란 나무가 의심해 떠는 소리"(「물활론」)로 치환해내고 있는 것에서 곁의 타자라는 타자 수용적인 태도를 확인할 수 있다.

4. 부활하라, 심연(들)

지금까지 김영진 시인의 시에서 타자의 수용성을 지속적으로 이야기한 이유는 그의 시가 여성성, 나아가 모성에 근거하고 있다는 점을 강조하기 위해서였다. 비유적으로 말하자면, 그의 시는 "어머니 자궁에 포도송이처럼 나를 매달고 다닌 것"(「초파리」)들에 대한 해명이고, "봄날에 개구리 알

낳듯 어머니 뭎까지 연애하는 나"의 이야기들이라고 할 수 있다. 이렇게 생명을 탄생시키는 모성/여성성은 계절적으로는 봄으로, 공간적으로는 대지의 모습으로 형상화된다. 이는 인류의 삶과 사유의 오랜 축적이 만들어낸 원형으로서의 상징으로 연결된다.

> 어느 봄날 꿈속의 귀퉁이 텃밭에 푸른 새싹 돋듯 꿈을 심는다.
> 바람과 비와 눈을 맞고 살짝 꿈처럼 하늘길에 새싹은 왜 돋는지.
> 인생 뭐 별거 있나며 구름 속 거닐던 꿈이 물 같은 바람이 된다.
>
> 어느 봄날에 안개가 꿈으로 스미니 꿈길 물 씨의 경계 흐릿하다.
> 허공 뜬 꽃대궐 안방 차지가 당신에게 욕되게 한 것은 아닌지.
> 한낱 꿈 구름 언덕 아래 지상 바라보는데 봄은 나비 춘풍이로다.
>
> -「어느 봄날」 전문

이 시는 봄날 대지를 장악하고 있는 무한한 생명력을 이야기하고 있다. "텃밭"은 "새싹"이 탄생하는 지점이고, 새로운 탄생을 위해 "바람과 비와 눈" 그리고 "구름" 같은 찰나적이고 유동적인 현상들이 출현하고 있다. 이것들이 상호작용할 때 "꿈처럼" '새싹'이 "돋"아난다. 이 구도는 주체와 타자의 관계를 떠올리게 한다. 본질적으로 독립적인 주체와 타자는 각자의 속성을 유지한 채 서로에게 영향을 미치는데, 대지를 창조적 주체라고 한다면 그것을 감싸고 있는 바람, 비, 눈은 창조적 타자로 기능한다. 따라서 주체는 자기화된 타자를 통해 창조적 순간을 맞이하게 된다.

김영진 시인은 이러한 창조적 메카니즘을 시의 방법론으로 중요하게 활용하고 있다. 그의 시선에 포착된 타자들은 그 타자성으로 인해 주체의 심연에 파문을 일으키고, 그 파문의 힘이 시를 밀고 간다. 그리하여 최종적으로 그의 시는 부활의 모티프를 확보한다. 이때의 부활은 창조적 부활이 될 것이다. 부활이 주체와 타자의 내밀한 스밈 속에서 서로가 감추고 있던 비밀의 순간이 세상을 향해 드러나는 방식이라는 점에서 그렇다. 마치 "겨울이 덮던 이불의 솜털이 봄나무에서 꽃으로 부활"(「부활·2」)하는 것처럼, 그의 시는 그의 심연과 호응하는 타자의 숨결을 자신의 언어로 살려놓는다.

그렇기 때문에 언제든 시로 부활할 준비가 되어 있는 바람과 비와 눈과 그리고 숱한 세계의 비밀들이 김영진 시인의 심연으로 스며드는 중이다. 김영진 시인은 부활하기 위해 준비하고 있는 심연의 "그 무게를 사랑하기 시작했"(「어느 멋진 날 꿈의 무게」)고, "가끔 안 보이는 사랑의 지평선으로 주사위를 던"(「검은 호주머니」)지고 있다. 타자가 김영진 시인의 심연을 통과하면서 시가 창조되는 것처럼, 그 주사위에서 어떤 시의 생명력이 탄생할지 계속해서 지켜볼 일이다.